L'APOSTOLAT

DES

CLASSES DIRIGEANTES

AU XIXe SIÈCLE

PAR

LE R. P. DE VARAX

« Si vis, potes.... »
(Math., VIII).

PARIS

CHARLES DOUNIOL ET Ce, LIBRAIRES-ÉDITEURS
RUE DE TOURNON, 29

1873

L'APOSTOLAT
DES CLASSES DIRIGEANTES
AU XIXe SIÈCLE

PARIS. — IMP. DE VICTOR GOUPY, 5, RUE GARANCIÈRE.

L'APOSTOLAT

DES

CLASSES DIRIGEANTES

AU XIXe SIÈCLE

PAR

LE R. P. DE VARAX

« Si vis, potes.... »
(Math., VIII).

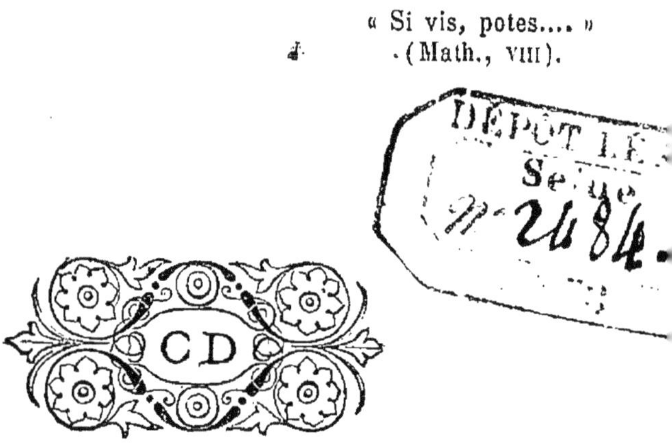

PARIS

CHARLES DOUNIOL ET Ce, LIBRAIRES-ÉDITEURS
RUE DE TOURNON, 29

—

1873

L'APOSTOLAT

DES

CLASSES DIRIGEANTES

AU XIXe SIÈCLE

PROLOGUE.

J'entreprends de dire aux gens de ce siècle qui ont de l'esprit, de la science ou de la fortune, une vérité difficile à entendre. Les hommes en général aiment mieux être loués et flattés que conseillés et repris ; mais il est particulièrement dur à quiconque se voit assez bien pourvu pour vivre indépendant d'entendre l'arrêt qui menace son repos : « Si vous ne renoncez à tous vos biens pour me suivre, vous ne serez point mon disciple. » (Luc. XIV, 33.) Combien de *catholiques* cherchent toute leur vie un compromis avec cette sentence ! Cependant il faut qu'elle soit entendue de *tous* en dépit des intérêts sensuels. Sans doute tous ne doivent pas l'exécuter dans la même mesure ; mais il est temps que ceux qui se contentaient d'être bien pensants se préoccupent aussi d'être agissants. L'absurde maxime « chacun pour soi, Dieu et l'État pour tous » a donné ses fruits ; et les malheurs dont un demi-siècle d'indifférence nous a fait les artisans prouvent assez aujourd'hui qu'un « *chrétien n'a pas le droit de se désintéresser du salut de ses frères et de la société.* » (Mgr Mermillod. L'Église et les ouvriers au XIXe siècle, 1868, p. 49) (1).

(1) Il est bon de nous garantir ici de toute équivoque sur le sens des mots. Notre point de départ est un fait que nous constatons sans le juger : à la place des anciens ordres sociaux l'on voit chaque jour s'accentuer cette distinction unique qui établit dans la nation deux vastes catégories : la classe dirigeante et la classe dirigée ; ceux qui n'ont d'instinct, de coup d'œil, de savoir, que juste assez pour leurs propres affaires, et ceux à qui une éducation meilleure a donné de l'initiative, de l'influence, de l'aptitude à juger et à conseiller autrui. En m'adressant à la *classe dirigeante*, je ne m'adresse donc pas, comme on pourrait le croire, à une minime catégorie de privilégiés ; mais je parle à tous ceux qui s'élèvent par l'éducation, par le cœur, par le talent, par la fortune, par les charges, au-dessus du vulgaire.

Quelqu'un s'étonnera peut-être de ce que dans un appel au zèle catholique je ne veuille pas parler à tous, mais seulement (selon le mot consacré) aux « *autorités sociales.* » Je demande qu'on ne décide pas avant de m'avoir lu. Peut-être alors tombera-t-on d'accord avec moi que dans une société divisée, et en présence de tant d'hommes égaux en insouciance de leurs devoirs, je le concède, mais très-différents dans leurs vocations respectives, qui le niera ? ce serait par trop d'ambition que de vouloir convertir tout le monde à la fois !

CHAPITRE Ier.

Désordre religieux, péril social.

Le péril qui nous a ouvert les yeux et qui nous fait parler ainsi n'est pas un péril accidentel. En vain affecterait-on de chercher encore la cause de nos maux dans les questions gouvernementales. S'il en était ainsi, le changement de quelques hommes et la rédaction de quelques lois pourraient sauver la France. On a tenté cela plusieurs fois : a-t-on réussi? C'est la société tout entière qu'il faut changer. « Interrogez votre passé, cherchez-y la bonne voie et suivez-la; alors seulement vous trouverez le repos... » (1) Tel est le langage toujours vrai de nos saints livres. Oui, il faut que la société change d'esprit pour pouvoir guérir. Elle ne peut plus vivre aujourd'hui que l'antique équilibre de ses éléments est rompu (2). Les classes populaires en effet ont conjuré l'extermination des classes dirigeantes, parce que la justice et la charité ont cessé de régler leurs mutuels rapports; en d'autres termes, parce que Dieu a cessé d'être craint et aimé de part et d'autre. Ce vide fatal devait produire une collision, et la société à mesure qu'elle se passait de Dieu ne pouvait échapper aux débordements effrénés, aux revendications brutales des passions humaines. C'est

(1) *Interrogate de semitis antiquis quæ sit via bona, et ambulate in ea, et invenietis refrigerium...* (Jér., VI, 16.)

(2) Voir à l'appendice la note A.

dans ce désordre religieux qu'est la cause radicale du péril social que nous courons.

Une seule voie est donc ouverte à ceux qui veulent écarter ce péril : pour avoir des citoyens, refaire des chrétiens; rendre au peuple français le Dieu qu'il a perdu; lui enseigner de nouveau que ce Dieu est le père de la patrie, la joie de la famille, la force de nos âmes, le gardien du devoir, la terreur du méchant, la récompense du juste, la paix universelle; qu'en Lui seul il est permis à l'homme d'espérer quelque repos. Tant que la *masse* du pays ne sera pas sincèrement revenue à ces croyances, la jouissance de ce monde primant tout autre préoccupation, le culte de l'individu remplaçant le culte de Dieu, la science statistique remplaçant la providence, la force numérique tenant lieu de la sainteté du droit, les lois ne seront plus qu'une formule sans valeur, le devoir qu'une abstraction, l'ordre qu'un mythe.

Or pour accomplir cette révolution suprême d'où dépend notre salut, il faut autre chose que des hommes et des législateurs (1). Une révolution religieuse

(1) Que trouve-t-on dans la religion, dans cet admirable Evangile, dans cet incomparable catéchisme dont on vous parlait hier dans une langue qui n'était guère convenable?... Dans ce catéchisme, dans cet Evangile, vous trouverez les biens qui vous manquent. Vous dites que la religion vous gêne; je vous l'ai dit un jour : non, elle vous manque; c'est par là que vous périssez; c'est par là que vous défaillez; c'est par là que vous succombez; c'est par là que vos discussions sont irritantes et interminables. Vous n'avez pas la lumière décisive !... (Mgr Dupanloup à l'Assemblée. — *Officiel*, 10 janvier 1873).

ne s'accomplit que par des apôtres. C'est donc à l'Eglise catholique de qui émane tout apostolat véritable qu'il appartient de nous guérir et de nous sauver.

CHAPITRE II.

Attitude de l'Église devant le péril social.

Il y aura bientôt un siècle qu'il est devenu de bon goût en France de vivre en indifférent, et cette contagion n'a cessé d'empirer jusqu'aujourd'hui. Pénétrant dans la classe ouvrière, elle l'a presque entièrement séduite, si bien que ce peuple s'est trouvé d'abord isolé de Dieu, bientôt ennemi de la foi, (l'un est la conséquence de l'autre,) au moment même où les événements lui révélaient, lui livraient une puissance politique et sociale dont il n'avait pas jusques là conscience.

Ainsi s'est formé contre l'Eglise et la religion la plus formidable coalition qu'ait eu jamais à enregistrer l'histoire, la *coalition* du peuple, du peuple armé de son droit de suffrage, ou, comme l'on dit, du *peuple souverain* (1).

Toutefois, hâtons-nous de le dire, les coalitions n'ont jamais fait peur au catholicisme : elles l'ont

(1) Pour parler selon la rigueur philosophique, il faudrait relever ici la confusion qu'on met d'ordinaire entre le droit de suffrage et l'idée de souveraineté. Mais l'incorrection même du langage que nous constatons sans la vouloir discuter, est une preuve de plus des influences funestes contre lesquelles l'Église a dû soutenir la lutte.

toujours servi. La vaste souveraineté du peuple romain favorisa moins la cruauté des persécuteurs que l'apostolat et les conquêtes des persécutés. L'orient tout entier enveloppé dans les flots de l'Islam servit moins à envahir les nations chrétiennes qu'à raffermir leur union. Et la fameuse coalition des réformateurs du XVIe siècle, si elle arracha des membres au corps mystique du Seigneur, le sauva du moins de maux plus grands, ramena dans l'Eglise la pureté des mœurs, raffermit la foi des vrais fidèles, et provoqua l'admirable explosion de lumières qui commença à briller à Trente et qui nous éclaire encore aujourd'hui.

Devant la coalition ouvrière du XIXe siècle, le catholicisme ne pouvait donc pas être dépourvu, et il n'a pas attendu à ce jour pour combattre. A peine a-t-on levé contre Dieu le drapeau du *progrès*, comme l'on disait, du progrès des sciences positives et de l'industrie, qu'aussitôt l'Eglise, par l'organe de ses écrivains et de ses orateurs, a tracé à ce progrès sa voie et ses limites. A mesure que notre société indifférente a laissé grossir le flot des mécontentements populaires et lassé la patience d'un peuple opprimé de licence et appauvri de luxe, l'Eglise pansant les blessures qu'elle n'a point faites a travaillé à calmer les maux de l'ouvrier et à en prévenir le retour. Chefs, ministres, simples fidèles, sans s'être coalisés, ni organisés, ont concouru à la tâche.

Entre tous, le saint pape Pie IX, dès les premiers jours de son pontificat, se penchait avec amour vers le peuple, multipliait les asiles, les écoles, les fondations charitables pour l'arracher aux novateurs, et, par ses discours comme par ses exemples (1), encourageait les catholiques à redoubler d'efforts et de bonnes œuvres pour prévenir une crise déjà prévue.

L'Episcopat n'était pas demeuré en arrière. Avant même qu'un Archevêque de Paris eut versé son sang pour l'amour de ce peuple à qui il allait porter des paroles de paix au milieu de la sédition, de tous côtés les Evêques de France, d'Italie, d'Allemagne, et sous leur inspiration le clergé, publiaient des écrits, provoquaient des associations, fondaient des œuvres, pour sauver l'ouvrier menacé dans sa foi et dans ses mœurs non moins que dans les autres conditions de sa vie sociale (2).

(1) On pourrait citer, entre autres, les brefs d'encouragement et de louange accordés par Pie IX : aux patronages de France vers 1850, à la congrégation des Frères de Saint-Vincent de Paul en 1869, à la Fédération catholique ouvrière belge en 1870, et les entretiens du Saint-Père avec divers personnages, notamment avec le célèbre Kolping, de Cologne. — Dans la ville même de Rome, nombre d'institutions ont été fondées ou restaurées par les soins du pape actuel en vue d'améliorer les conditions morales ou matérielles de la classe laborieuse. Plusieurs prélats de la maison papale n'ont cessé de seconder l'auguste pontife dans ces entreprises charitables, parmi lesquelles je citerai : la manufacture nouvelle des tabacs, — les écoles de la Piazza Pia, — la ferme-modèle de Vigna Pia, — les orphelinats professionnels de Termini, — les orphelins étudiants du Saint-Père, — l'agrandissement de la pension ouvrière dite Tata Giovanni, — la fondation de plusieurs patronages, dits Ecoles nocturnes, — la réforme des monts-de-piété, etc.

(2) Voir les mandements des évêques, les ouvrages de NN. SS. Parisis, Dupanloup, de Kettler, Deschamps, les con-

Alors aussi naissait l'admirable société de Saint Vincent de Paul dont l'apostolat fécond couvrit le sol français d'institutions destinées à maintenir la famille et à sauvegarder l'enfance contre l'impiété envahissante.

Le zèle des ordres religieux en reçut une louable émulation. Jamais les sociétés de secours, les institutions d'éducation populaire, élémentaire ou professionnelle, les orphelinats industriels ou agricoles, les œuvres de bienfaisance ou de patronage ne furent plus multipliés que dans la période de quarante années que nous venons de traverser.

Voilà ce que l'Eglise a fait pour conjurer le péril social, suite prévue et inévitable du désordre religieux. Il est évident que son action a été restreinte, son influence contrariée, ses résultats amoindris. La suite de cet opuscule en indique les causes. Mais dans cet ensemble de tentatives réalisées partout à la fois sans autre concert que l'impulsion d'une commune charité, sans autre lien que le sentiment d'un commun péril, qui n'admirerait la fécondité de cette Eglise dans son amour du salut des hommes? Si la société, imbue d'un naturalisme stupide, échappe encore à son action salutaire, a qui donc faut-il nous en prendre? La vérité n'a-t-elle pas été enseignée? L'exemple n'a-t-il pas été donné? Est-ce l'Eglise en un mot qui nous a manqué? Dites plutôt

férences de Notre-Dame de Paris, les congrès de Malines, les travaux qui ont accompagné ou précédé. nos lois sur l'assistance publique, et les nombreux statuts de secours mutuels dressés par le clergé dans la première moitié de ce siècle.

que c'est la nation elle-même qui a refusé le salut. Nos lois, nos chartes, nos institutions administratives sont restées opiniâtrement neutres entre la foi catholique et la négation. L'Eglise demande vainement à nos sociétés sceptiques d'admettre dans leurs mœurs quelque chose de son esprit réparateur. On consent à ce qu'elle serve, on a peur qu'elle règne. Et cependant des gens de bonne foi s'écrient encore à l'heure du péril : Pourquoi donc l'Eglise ne nous sauve-t-elle pas? — De quoi vous plaignez-vous? Vous lui avez lié pieds et mains par deux fois !

CHAPITRE III.

Mission des catholiques devant le péril social.

L'Eglise catholique ne se résume pas seulement à la personne des chefs de la hiérarchie. L'épiscopat, le clergé, les sociétés religieuses, créés pour donner l'impulsion au mouvement ou pour en diriger l'action dans le monde ne l'accaparent point à eux seuls. C'est même une des principales et des plus admirables conséquences de la notion de l'Eglise de concevoir l'activité de tous ses membres comme un élément nécessaire de sa vie. Les chefs enseignent et donnent l'exemple ; c'est aux fidèles de les suivre et de combattre avec eux. Donc la lutte du catholicisme contre le péril religieux et social ne peut se résumer à une levée de boucliers du clergé et des pasteurs.

Pour reconquérir les nations qui ont déjà presque échappé à la foi et à l'amour, les procédés de la première conquête doivent lui servir avec le même succès. Dès ses premiers jours, en effet, l'Eglise du Christ compta autant d'apôtres que de fidèles. A l'école des Douze, des milliers de prosélytes devenaient à leur tour les prédicateurs et les témoins de la vérité. A Rome comme à Ephèse, Jérusalem ou Alexandrie, les gens du peuple, les princes de la science, les sages, les illustres, les riches même accueillaient dans leurs forums, dans leurs académies, dans leurs villas et jusque dans le palais des empereurs la loi d'amour prêchée par de pauvres étrangers, bien souvent par leurs propres esclaves. Quiconque avait reçu le dépôt sacré se regardait comme investi du devoir de le confier à d'autres ; et ce devoir, ils allaient pour l'accomplir au devant même de la mort. La vérité passant de bouche en bouche s'emparait rapidement de tous les cœurs. Ainsi l'Eglise du Christ, associant à l'apostolat des pasteurs le zèle de tous ses fidèles, s'acheminait victorieuse à la conquête du monde.

Ce qui fut dans les premiers siècles la *mission* de tous les disciples de Jésus-Christ (1) n'a pas cessé de

(1) Cette mission religieuse et sociale était considérée comme un grand devoir par nos aïeux ; ils en ont conservé jusqu'au dernier siècle la tradition respectée. Même dans les mauvais jours qui ont préparé immédiatement notre décadence actuelle, au siècle de Voltaire, le seigneur se croyait toujours obligé à donner l'exemple ; témoin ce chef des impies que nous venons de nommer et qui allait à la messe pour ne pas scandaliser ses paysans. Plus sincères dans leurs

l'être au XIXe. « Le temps presse, s'écriait il y a quelques années un grand orateur, la société pourrait être surprise avant que la vérité fut rentrée dans les idées et l'ordre dans les esprits.... Les œuvres chrétiennes et notre activité personnelle doivent apporter leur vivant concours à la solution pacifique de tant d'innombrables problèmes ! » (Mgr Mermillod, disc. cit. p. 9.)

Non, la mission des catholiques ne se sépare pas de celle de leurs pasteurs. Là où ceux-ci organisent la lutte, ceux-là doivent combattre. Et qu'on ne prétende pas qu'il est loisible à quelqu'un de se dérober à cet honneur. Cette mission d'apostolat est *nécessaire* autant que *glorieuse.*

Nécessaire, parce que dans le plan divin sa place apparaît marquée à toutes les époques, et qu'aujourd'hui la déserter, c'est accepter d'avance l'empire des mauvaises passions, la tyrannie des meneurs, les secousses violentes et périodiques des révolutions sociales ; glorieuse, car s'y dévouer et l'accomplir c'est procurer au peuple la vérité et la paix, en luttant contre l'ennemi le plus audacieux, le mieux armé, le plus redoutable qui soit au monde : certes voilà bien de quoi tenter les plus nobles ambitions.

Or, cette mission des chrétiens autour de leurs

hommages à la Vérité, nombre de pères de famille savaient veiller à l'éducation religieuse de leur maison. Quel changement aujourd'hui ! Dans l'accomplissement des pieux devoirs de la famille chrétienne, trop souvent l'homme se met de côté ! Il est vrai qu'il s'efface de même dans les actes publics de religion qu'il faut accomplir au nom de la patrie.

pasteurs, cet apostolat qui s'exerce depuis Jésus-Christ s'exercera jusqu'à la fin, car c'est la vie même de l'Eglise, c'est l'expansion de son amour, c'est le rayonnement de sa lumière, c'est le souffle de son Esprit, c'est l'éternelle mission qui répand la vie de Jésus-Christ dans le monde; car la vie de l'Eglise, c'est l'Esprit de Jésus-Christ sans cesse agissant en tous ses membres (1). Et quand ce même Esprit pénétrant intimement chacun des chrétiens, se répand par eux dans tous les rangs d'une société, dans toutes les institutions d'un peuple, alors ce peuple vit de la vie même de l'Eglise. L'Eglise règne et combat en lui; elle lui communique sa force contre leur ennemi commun. Ils vivent et ils triomphent par la vertu du Christ qui vit en eux. *Christus vivit, Christus regnat, Christus imperat!* Il n'y a pas d'autre salut pour les nations.

CHAPITRE IV.

Impuissance des forces sociales actuelles en dehors des catholiques.

Les membres de la société catholique ont une mission à remplir d'accord avec les pasteurs dans notre lutte religieuse et sociale. Voilà qui est admis. Mais sous quelle forme se produira cette action? Les temps sont-ils propices pour leur permettre d'utiliser quelqu'une de nos forces sociales actuelles?

(1) *Mihi vivere Christus est.* (Philip. I, 21.)

Peut-on rêver une *prédication légale* comme celle de Constantin, une *croisade armée* comme celle de Simon de Montfort, une *ligue commerciale* comme celle des navigateurs portugais, un vaste *enseignement* du peuple *par la presse* à laquelle il se montre si docile de nos jours? Ce n'est pas ici le lieu de discuter la convenance de chacun de ces moyens d'action pour restaurer la foi et la paix sociale. Ce qu'il importe bien plus de déclarer, c'est que les moyens ne manquent pas, mais que les *hommes* manquent, les hommes catholiques, ceux en dehors desquels toutes nos forces sociales sont perverties ou frappées d'impuissance. (1) Voyez plutôt où nous en sommes aujourd'hui.

Les *pouvoirs publics* constitués sur une fausse base concentrent systématiquement leur action vers un résultat insuffisant, le maintien de l'ordre matériel. La prospérité du peuple ne les intéresse guère qu'à ce point de vue. Ils s'abstiennent le plus qu'ils peuvent de réprimer les passions et de contraindre les erreurs; ils croient avoir atteint la sagesse en se bornant à ne pas irriter.

On a dit maintes fois que nous avions passé le temps des guerres de religion. Jamais assertion n'eut plus besoin d'être prouvée. Mais elle met bien en lumière l'idée que se font nos contemporains du

(1) Mettez dans l'âme de vos semblables et dans la vôtre le grand commandement du décalogue : « Tu aimeras *Dieu* de tout ton cœur et ton prochain comme toi-même, » et la paix est faite. (Mgr Dupanloup à l'Assemblée nationale. *Officiel* du 10 janvier 1873).

devoir moral de *la force armée*; elle démontre assez que les hommes du jour ne sont point prêts à une croisade. Et d'ailleurs, presque soustraite à l'enseignement et à l'influence de la religion, notre malheureuse milice ne porte-t-elle pas elle-même dans son sein tous les germes de corruption et d'erreur qu'il faudrait détruire parmi notre peuple pour le sauver?

Le *commerce* et la *finance* travaillent chacun pour son bénéfice. Si le peuple français y gagne ou s'il y perd, ce n'est qu'une préoccupation accidentelle dans l'esprit de la plupart des trafiquants. A peine en trouve-t-on quelqu'un de loin en loin qui sait faire du travail un instrument moralisateur (1). La masse, quand elle n'est pas franchement hostile à la religion, se croit assez honnête pourvu qu'elle s'abstienne d'en violer les principaux droits.

Quant à *la presse*, fleuve fertilisant qui pourrait abreuver la société de vérité et de vie, elle n'a presque rien de commun avec les intérêts du peuple qui sont ceux de l'Église. Elle est devenue, le journalisme surtout, un trafic colossal, qui même, entre certaines mains, gagne plus au scandale qu'au respect de la morale et à l'honnête observation des lois.

Comment donc réformerez-vous ces instruments vicieux? Et quel mécanisme humain, quelle institution nationale seraient aujourd'hui capables de vaincre nos erreurs, de convertir la nation en masse

(1) Voir à l'appendice la note C, nos 1 et 2.

et de restituer la paix sociale? Où porteraient-ils leurs coups? qu'opposeraient-ils à l'ennemi? Le mal est partout; l'erreur est générale; chaque ville, chaque profession, chaque famille pour ainsi dire en est atteinte. Ceux-là veulent à tout prix des procédés pour sauver la France en bloc, qui prétendent y économiser leurs peines. Ils trouveraient commode assurément de se reposer des soins de l'apostolat sur l'honnêteté d'un roi, la fermeté d'une armée, le zèle de la bonne presse, le bon sens des gouvernants conservateurs! Sous cette erreur intéressée se glisse une lâcheté secrète. Ils ne veulent point payer de leur personne et ils affectent de ne pas voir que nous voici revenus à l'ère première où le catholicisme, qui comptait des fidèles partout, ne pouvait élever la voix nulle part.

Or, dans ces temps l'apostolat *individuel* était l'arme de la religion persécutée. Il peut l'être de rechef en dépit de nos aveugles; cela dépend de nous.

Le peuple de France s'agite maintenant et se révolte comme s'il n'avait que des ennemis sur la terre et dans le ciel... c'est que trop longtemps on l'a laissé seul loin de Dieu à la recherche de la vérité, et qu'il en a perdu la trace. Que tous les catholiques remplissent leur mission, qu'ils ne se contentent pas d'être croyants à l'église ou dans leur cabinet de travail; qu'ils le soient dans les salons, dans la rue, à la Bourse, j'allais presque dire au théâtre; que nul ne consente à vivre un jour sans élever la voix courageusement pour la vérité. Bientôt vous verrez le peuple céder à la conviction et à l'exemple, et retrouver en nous des frères, au ciel un Dieu, sur terre une patrie.

Plusieurs, après une tentative pour atteindre ce but, ont reculé devant le premier insuccès. Qu'ils sachent qu'un bien si précieux ne s'obtient que par de longs efforts; qu'ils persévèrent... ils vaincront (1). Cette résurrection n'est pas l'œuvre d'un homme ou d'un groupe; elle n'est pas l'œuvre d'un code ou d'une armée. Le caractère de notre apostolat en ce siècle est, en s'adressant aux *individus*, d'être simultanément l'œuvre et le *devoir de tous*.

CHAPITRE V.

Rôle providentiel des classes dirigeantes.

Quand l'Église catholique aura fait rentrer Dieu dans les cœurs et dans les lois, elle aura réconcilié les castes ennemies, et la paix sociale sera signée. Mais en vain nous bercerions-nous de l'espoir que cet abîme de défiance creusé entre le peuple et les classes dirigeantes se puisse combler si le dévouement chrétien n'obtient de ces dernières qu'elles fassent elles-mêmes le principal effort.

Non le peuple ne sortira pas tout seul de son impiété et des faux raisonnements qu'elle implique. Sa conversion doit s'opérer par d'autres voies; et de même qu'il faut des maîtres pour l'instruire lors-

(1) Voir à l'appendice la note C, nos 3 et 4.

qu'il est ignorant, des patrons ou capitalistes pour le faire vivre lorsqu'il est pauvre ; de même il faut des instituteurs et des modèles pour le rendre croyant et vertueux. Tel est le plan d'un Dieu qui, pour sauver les pauvres pouvait bien se passer des riches, mais ne l'a pas voulu. Sa miséricorde a mis une analogie singulière entre l'ordre qui règne au ciel parmi les tribus angéliques et celui qu'elle a réglé dans les rapports des hommes ici-bas.

Au sommet des hiérarchies célestes, des esprits tout resplendissants de sa clarté souveraine sont admis à la plus haute connaissance de son infinie majesté à laquelle puisse prétendre la créature angélique (1). Chacune des hiérarchies qui sont, pour ainsi dire, échelonnées aux divers degrés du ciel au-dessous du chœur privilégié des séraphins, reçoit de celle qui lui est supérieure toute la lumière et les connaissances divines dont elle jouit; et les notions lumineuses de la divinité, les délices ineffables de son amour descendent ainsi comme un dépôt trois fois saint de degré en degré jusqu'à celui des anges qui ont mission de les communiquer à la terre.

Là, (s'il est permis de distinguer le plan du créateur à travers le désordre où l'humanité s'est jetée,) commence pour chaque ordre social une obligation semblable de communiquer aux autres ordres le pain céleste de la vérité dont il se nourrit, en sorte que toutes ces hiérarchies humaines, égales par leur nature, mais inégales par les dons qu'elles ont

(1) S. Denys, l'aréop., cité par S. Thomas. Somm. P. IIe, p. 106-107

reçus, jouissent l'une par l'autre, dans les communications d'un commun amour, de ce bien suprême qui est le trésor et la vie de la création tout entière.

Ici, reconnaissons-le, les faits vont à la preuve de cette merveilleuse et poétique théorie. Toutes les fois que les vérités morales se sont affaiblies dans le cœur des classes élevées, invariablement le même mal a atteint les classes plus humbles; et de nos jours, constatant une fois de plus ce douloureux phénomène, un écrivain a pu dire avec vérité : « Dieu n'est sorti du cœur des ouvriers que parce-que beaucoup de ceux qui leur devaient l'exemple l'ont chassé de leur propre cœur. » (Fernand Desportes, l'Enquête ouvrière. Contemporain, Avril 1872).

Mais il y a plus que des analogies : De hautes convenances exigent le dévouement spécial des classes élevées au salut du peuple. Ne se classe et ne se déclasse pas qui veut. Nulle part au contraire n'apparaît mieux le choix de la providence que dans cette répartition des rangs qui se font entre des hommes partis d'un même point, qu'un même but attire, qu'une même ambition anime, mais que des succès divers séparent chaque jour le long du chemin. Et puisque ni l'élévation de l'esprit ou du cœur, ni même les richesses ne sont de ces choses que l'homme puisse se donner à son gré, pour quelle fin Dieu les départirait-il à ceux qu'il élève, si ce n'est pour en communiquer autour d'eux les avantages et par ce moyen exercer une salutaire influence. A quoi serviraient ces dons s'ils ne devaient contribuer qu'à enorgueillir quiconque les a reçus? Pourquoi la richesse, si ce n'est pour adoucir le sort de ceux qui en sont privés? Pourquoi la science, si ce n'est pour enseigner et polir ceux qui ne savent pas? Pourquoi le talent, la noblesse, les prérogatives de l'esprit et du cœur, si ce n'est pour rendre le respect plus aisé, la bonté plus utile, l'exemple plus sympathique et plus entraînant?

Enfin la logique vient ajouter ici son raisonnement aux convenances de la société et aux analogies de la mystique. Ou vous êtes socialiste, niant l'inégalité des conditions et faisant par conséquent vos lois pour un monde imaginaire; ou vous admettez non-seulement comme un fait, mais comme un droit, l'existence de cette fraction sociale qu'on appelle les classes dirigeantes, les hautes classes. Or, pourquoi les nommerions-nous universellement de ce nom si ce n'est pour constater une supériorité? Et que signifierait cette supériorité donnée aux uns, si elle n'implique pas de la part des autres une certaine infériorité et une utile dépendance? Comment enfin la classe dirigeante aurait-elle une raison d'exister si, au lieu de rien diriger, elle s'appliquait uniquement à jouir de l'existence sans un regard, sans un effort, sans un sacrifice pour le peuple, et sans un souci pour leur commun avenir?

Avouons donc ce qui est visiblement écrit dans le plan du créateur, à savoir : que dans le progrès du bien comme dans celui du mal toutes les classes de la société sont solidaires. Les êtres qui en occupent les sommets sont appelés à procurer aux autres les éléments de tout progrès, moral d'abord et ensuite matériel, sans perdre rien eux-mêmes de la hauteur et de l'excellence de leur position.

Ainsi par une admirable et divine économie le fait de la naissance, de l'éducation, de l'instruction supérieure, qui constitue comme un droit aux inférieurs appelés à en recueillir les légitimes fruits, constitue en même temps pour les classes élevées une *mission* dont l'effet est de les tenir toujours à leur hauteur native et dont le nom est l'Apostolat.

Répétons-le : pour rendre à la société ce Dieu sans lequel il n'y a pas de paix sociale, c'est aux *grands* (1), comme l'on disait jadis, à se mettre à l'œuvre. Quiconque y manque abdique; et d'ailleurs Dieu le veut, le bon sens l'indique, le peuple enfin l'attend.

Il a attendu déjà de longs jours. « Que demandez-vous, disait en 1847 un membre de l'Institut à un ouvrier de Lyon qui venait de lui peindre en son langage les misères matérielles et morales de ses semblables, quels remèdes croyez-vous propres à guérir les maux dont vous vous plaignez? » — « Les remèdes...?, repartit l'ouvrier, c'est à vous, monsieur, c'est aux hommes instruits à les chercher et à les trouver : vous êtes les médecins de la société malade!... » (L'Enquête ouvrière : rapport cité).

(1) Nous parlons un langage fait pour nos pères et qui ne répond qu'imparfaitement à notre état moderne. Par ce mot de grands il faut entendre tout ce qui dépasse le commun par quelque don que ce soit.

La France sera bien près d'être sauvée quand ce mot de l'homme du peuple aura retenti jusqu'au cœur des grands et les aura décidés à se dévouer.

O jeunes gens qui régnez dans les clubs de l'élégance et qui faites vos délices d'être applaudis dans les salons, vous craindriez de descendre en traitant familièrement avec l'ouvrier les grands problèmes de sa vie sociale et de son éternel avenir. Ce soin vous paraît assez bas pour le laisser à d'autres. Vivez donc et jouissez dans votre supériorité ! Mais sachez qu'en vivant de la sorte vous manquez à la mission qu'elle vous impose; vous rendez votre rang inutile; et bientôt, si ce n'est déjà fait, aux yeux d'un peuple qui s'habitue à ne recevoir de vous que votre or et vos dédains, vous ne porterez plus qu'un nom déconsidéré par l'égoïsme. Oui, s'il est encore honoré, ce nom, c'est que ceux qui le portaient avant vous furent des hommes de dévouement.

CHAPITRE VI.

Principal objectif de la classe dirigeante dans son apostolat.

Le jour où, parmi les classes dirigeantes, beaucoup auront compris les devoirs de leur apostolat, ceux qui mettront généreusement la main à l'œuvre se trouveront en face d'une double mission. L'une regarde le peuple qu'il faut aimer, soutenir, éclairer, apaiser ; l'autre sera auprès des grands non encore convertis ou convertis de la veille, pour les apaiser aussi, les convaincre, les ramener sans cesse au point de vue chrétien, empêcher en un mot par une entremise constante que l'égoïsme d'en haut et celui d'en bas se heurtent de manière à provoquer d'irréparables brisements. Dans l'accomplissement de cette tâche ardue l'esprit de nos nouveaux apôtres puisé aux sources de la sainte-Église sera l'esprit même de son divin fondateur: «Vos enim estis templum Dei vivi (1). » Vivant dans leur cœur et se révélant au dehors par les œuvres d'une charité ardente, d'un zèle irrésistible, d'une infatigable prudence, il fera de ces hommes aux yeux du peuple des personnifications vivantes de celui que nous ne nous lassons pas d'appeler le Dieu bon! « Exhibeamus nosmetipsos sicut Dei ministros (2). »

Qu'ils n'espèrent rien de leurs efforts s'ils tentent une autre voie que celle de la bonté. Celui qui le premier est venu rendre au monde la foi, la paix et l'amour n'en a pas voulu choisir d'autre, encore qu'il fût tout-puissant. Armés de ce levier, ils plieront les cœurs à leurs leçons avec un ascendant irrésistible, et l'œuvre infernale de nos jours, l'isolement systématique des classes sociales entre elles, sera détruite.

Tel est en effet le grand objectif de leur mission : rétablir l'ordre voulu de Dieu en rapprochant les

(1) « Car vous êtes des temples de la divine vie. » (II Cor. VI, 16.)

(2) « Montrons-nous de dignes ministres du Seigneur. » (II Cor., VI, 4.)

faibles de ceux qui sont forts, pour donner à ceux-ci un occasion de dévouement, à ceux-là un motif de reconnaissance. Voyez agir les ennemis de Dieu et de la patrie. Unis et concertés, nous vivrions rassurés, aidés, mutuellement heureux : ils nous divisent, ils nous trompent, ils nous mettent en défiance. Le même tentateur persuade aux grands que le peuple est toujours avide, jaloux et ingrat; au peuple, que les grands sont tous insatiables, superbes, sans entrailles. Les moindres fautes d'un parti sont soigneusement exploitées auprès du camp ennemi. L'erreur d'un seul est souvent appelée le crime de tous. On s'accuse de mauvaise foi des deux parts; on se borne aux rapports nécessaires qu'exige strictement le débat de nos intérêts. On ne traite souvent plus que par ambassadeurs ; et ainsi des gens nés sur le même sol, baptisés à la même église, qui reposeront au même cimetière, vivent plus éloignés, ce semble, de mœurs, de langage, d'intérêts et d'affections que s'ils fussent nés aux deux antipodes. C'est la tactique des ennemis de la France; le mot d'ordre de ses apôtres sera donc : rapprochement, union.

Mais ils le savent bien : leur prétention ne saurait dépasser celle du divin pacificateur qui, pour ramener l'homme à Dieu, ne choisit qu'un moyen, celui de *descendre* lui-même au milieu des hommes. Pour rapprocher le peuple de ses chefs, il faudra que les chefs eux-mêmes se fassent peuple, c'est-à-dire étudient ses besoins, sachent ses désirs, partagent ses douleurs, épousent sa cause. Alors le rapprochement s'opérera. Il sera complet le jour où la justice, l'honneur, la vertu resplendissant dans la personne du riche comme une vivante image du Dieu sauveur apparaîtra à la foi reconnaissante du pauvre pour lui imposer un invincible respect. Quand le Fléau du nord s'arrêta à Aquilée devant la personne de saint Léon : «je voyais, dit Attila, derrière le pontife « un être divin qui me commandait d'obéir. » O riches ! o chrétiens ! si le Christ votre modèle paraissait en vous, sa vue ferait reculer la barbarie.

CHAPITRE VII.

L'apostolat dans le foyer de famille.

Le foyer de famille presque perdu pour la classe ouvrière réclame en première ligne l'effort de votre apostolat. Trop souvent la pauvreté le rend inhabitable, l'ignorance et l'inconduite le déshonorent, l'industrie le rend désert. Or sachons bien que l'ouvrier qui a perdu le sens de la famille chrétienne perd le sentiment par où il deviendrait le plus accessile à la raison, à la confiance et à l'apaisement. Il n'a par état ni la science, ni la fortune, ni les hauts emplois ; mais il a du moins avec le riche ce point de contact : il est époux, il est père ; le même Dieu a béni leur union, le même ange veille aux berceaux de leur fils ; le difficile labeur de l'éducation d'une famille devient leur tâche commune. Distants par la fortune, ils sont rapprochés par le même devoir et par les mêmes intérêts. Comment la voix et les sentiments de l'un ne trouveraient-ils pas de l'écho dans le cœur de l'autre?

Le premier effort à faire aujourd'hui, c'est donc de reformer des foyers de famille. Pour cela d'innombrables moyens sont à mettre en œuvre. Les uns, comme l'observation du repos dominical, la réglementation du travail des femmes et des enfants, la répression de l'intempérance et de la débauche, nécessitent une sorte de constitution légale; et pour l'établir il faudra de prodigieux efforts de la part des classes dirigeantes, soit qu'on fasse entrer ces décrets dans la législation, soit qu'on préfère les réimplanter dans les mœurs par le commun assentiment et la résolution unanime de tous les honnêtes gens (1).

D'autres moyens plus accessibles à tous les dévouements se peuvent employer dans une sphère restreinte et n'exigent plus cette entente générale. Ce sont les institutions d'épargne ou de secours. Tout homme de zèle peut en fonder dans la ville où

(1) Les exemples de ces ligues chrétiennes émanant de l'initiative privée, et destinées à prendre influence sur les mœurs nationales, ne sont point rares. Pour ne citer que des exemples modernes, je signalerai les célèbres sociétés de tempérance du P. Mathew en Irlande, les diverses associations du Dimanche en France, en Suisse, en Italie, la grande association de saint François-Xavier, du P. Van Caloen de Bruxelles, la ligue nationale de l'ordre des comtes d'Oultremont de Meus, et la Fédération Catholique Ouvrière, en Belgique, l'Union des associations ouvrières catholiques, à Paris (32, rue de Verneuil), l'Œuvre des cercles d'ouvriers (3, place du Louvre), etc., etc.

il réside pour peu qu'elle renferme des chrétiens disposés à se venir fraternellement en aide.

Ce zèle, s'il est éclairé, s'étendra avec une sollicitude spéciale sur l'enfant et l'adolescent, qui pourrait être la consolation du foyer, mais qui en est souvent la honte. Soigner l'enfant dans les bras de sa mère, en veillant à ce que celle-ci connaisse et remplisse bien ses saints devoirs; le suivre plus tard aux bancs de l'école et pourvoir à ce qu'il y trouve des leçons chrétiennes; puis inaugurer et assurer sa carrière d'ouvrier par un bon apprentissage où il apprenne le métier et ne désapprenne pas le respect, voilà un apostolat nécessaire de nos jours.

L'ouvrier savait remplir tous ces devoirs-là il y a cent ans. Maintenant il faut les remplir pour lui, afin de les lui enseigner de nouveau; car il n'y a presque plus de pères ni de mères parmi les ouvriers, et surtout il n'y a plus d'enfants! (1)

Qu'on ne croie pas que ce peuple si fier et si jaloux d'indépendance se révolte contre les services d'un ami plus riche ou plus savant que lui. L'ouvrier est sensible et bon à qui l'approche sans or-

(1) On s'en convaincrait vite en lisant « *le Sublime* ou le travailleur tel qu'il est en 1870. » Paris, librairie internationale, 15, boulevard Montmartre, in-8°. Le lecteur chrétien ne pourra pas lire sans dégoût ces pages instructives (p. 192), où les turpitudes du siècle sont dévoilées, mais où l'on ne trouve pas la consolation d'une seule parole de foi. — On peut chercher le contrepoids de ces tristes impressions dans les écrits de M. Le Play sur la famille, et notamment dans le chapitre III de sa *Réforme sociale*.

gueil. L'avez-vous visité aux jours d'affliction, de maladie, de chômage? Avez-vous pris une part à ses joies et à ses fêtes de famille? « Je n'oublierai jamais M. X..., » me disait il y a dix ans un pauvre ouvrier, avec un accent de profonde reconnaissance : « Voyez, Monsieur, j'ai cinq enfants. Il n'y en a pas un au baptême duquel il n'ait voulu assister! »

Brillant cavalier, chasseur émérite qui ignorez encore les pures joies du visiteur des conférences de Saint-Vincent de Paul; homme embarrassé de votre temps qui donnez à des plaisirs champêtres celui que vous voulez ôter à l'ennui, dans la ville que vous habitez, dans votre quartier, dans votre hôtel peut-être, il y a eu de ces fêtes de famille dont votre amitié eût été l'ornement; mais l'ouvrier qui travaille pour vous a dû se réjouir sans vous; car vous n'y étiez pas!

CHAPITRE VIII.

L'apostolat dans l'atelier.

Hors du foyer domestique d'autres maux et d'autres erreurs attendent l'ouvrier du XIXe siècle. Le travail n'est plus considéré comme une loi de la vie, mais comme un préliminaire nécessaire du plaisir, comme le premier terme d'une formule algébrique à peu près conçue ainsi : tant de labeur accompli égale tant de jouissance acquise. Le désordre et l'impétuosité de la convoitise président donc au travail, en bouleversent l'économie et en avilissent la dignité. Le travail cesse d'être honnête dans son but et dans sa forme. Son but avoué pour plusieurs, c'est de donner le plus vite possible un repos corrupteur à celui qui l'exerce et de procurer le plus aisément possible un bien-être corrompu à celui qui le commande.

Que dire des formes odieuses qu'affecte aujourd'hui ce travail que Dieu avait fait sain, moral, équitable et rémunérateur ? Assez d'autres ont dépeint les misères, les iniquités de l'usine ou de la fabrique, et les immoralités de l'atelier (1). Rappelons seulement que la dignité et la liberté de l'âme sont oubliées au sein de ce monde du travail au point que toute idée de Dieu en est absente. L'ouvrier dépourvu de la foi qui ennoblirait sa peine se trouve face à face avec un labeur sans trêve. Et à travers les angoisses de sa pauvreté, lorsqu'il voit plus haut que lui tant de luxe et tant de jouissances, nul doute qu'il ne maudisse un sort qui n'est pas celui que Dieu lui avait fait, et qu'il ne dise dans son âpre langage : « O favoris des joies de la fortune, je travaille tous les jours pour vous; les nuits pour moi ne sont jamais entières, et le dimanche ne m'apporte pas son repos. De mon atelier, où mes larmes et mes sueurs s'unissent pour préparer vos fêtes, à ma mansarde où les miens n'ont qu'un

(1) A Dieu ne plaise que nous confondions avec les coupables de tant d'abus certaines honorables mais trop rares exceptions. Elles sont une protestation vivante de ce que peut le catholicisme pour la régénération du travail !

pain rare et amer, je passe tour à tour, et je ne trouve nulle part une providence qui compte les cheveux de ma tête ou les battements de mon cœur! » (Mgr Mermillod. Disc. cité.)

Ramener le travail aux conditions légitimes de son institution première; le sanctifier dans son but en l'empêchant de se vendre, de se prostituer aux œuvres malsaines de l'impiété et du vice; le ramener enfin à son objet sacré, la subsistance et l'honnête éducation de la famille; pénétrer dans l'usine et dans l'atelier avec l'Évangile, en chasser les doctrines perverses, les abus criminels, les exploitations immorales, le mélange des sexes et mille autres maux; voilà la révolution que les classes dirigeantes doivent accomplir pour l'honneur du nom chrétien et pour rendre enfin le sentiment de la Providence à la classe des travailleurs.

Vous qui rêvez une carrière d'éclat, jeune homme qui êtes d'avance sûr de la fortune, pourquoi compter si paisiblement sur l'avenir?... Ne voyez-vous donc pas que le travail qui nourrit la société va s'arrêter peut-être demain? Ne voyez-vous pas qu'il pèse d'un poids intolérable à des bras qui n'en connaissent plus le prix divin, mais seulement les excès? Faites des projets, soyez capitaine, magistrat, homme d'État, agriculteur; d'ici là peut-être il n'y aura plus d'ouvriers pour cultiver vos terres, bâtir vos demeures, nourrir vos villes, fondre vos canons; car l'ouvrier sans Dieu n'y tient plus; le travail sans Dieu le tue; l'irritation est au comble, et si une goutte de charité et d'espérance chrétienne ne descend d'en *haut* pour rafraîchir le cœur du peuple, c'en est fait de la machine sociale ; il faut qu'elle éclate et que vos espérances sautent avec elle (1).

CHAPITRE IX.

L'apostolat dans les réunions publiques (2).

L'impiété, la débauche, l'athéïsme, le communisme, tous les fléaux enfin qui dévorent le peuple ont leurs temples, leurs chaires et leurs assemblées. Le poison de l'erreur et des haines sociales s'y distribue aux masses ouvrières trop malheureuses et trop abandonnées pour n'être pas crédules. Les préjugés égoïstes des classes dirigeantes, l'ignorance ou la mauvaise foi de ceux qui gouvernent, l'indifférence de tous ont jeté ce peuple malade dans les bras des charlatans !

Laisserons-nous les apôtres de Satan détruire dans notre malheureux pays le peu d'honneur, de vertu et de foi qu'ils ont encore laissé debout? Apôtres du

(1) « Le défi est relevé, la guerre est déclarée, et elle ne cessera que le jour où le prolétariat sera vainqueur ; où les mineurs pourront dire : à nous les mines ! les cultivateurs : à nous les terres ! et les ouvriers de tous les métiers : à nous l'atelier ! » (Adresse des ouvrières de Lyon aux grévistes du Creusot. *Solidarité*, n° du 16 avril 1870.) Voir à la fin de l'opuscule l'appendice, notes D, E.

(2) Ce que nous disons ici de cette magistrature momentanée que l'homme supérieur exerce dans les assemblées populaires, s'applique au même titre aux fonctions et magistratures permanentes des hommes en charge.

Christ, c'est ici qu'est votre place. La classe ouvrière a besoin d'appui et de lumière. Un instinct impérieux la presse de s'assembler pour être forte contre des ennemis dont elle ressent les coups, mais qu'elle ne connaît pas. Paraissez dans ces assemblées et éclairez l'ouvrier sur ses vrais malheurs, sur ses vrais devoirs. Instruisez-vous et parlez. (1) Qu'un mouvement réparateur entraîne la foule désabusée loin des séductions qu'on lui offre vers des espérances plus hautes. Sachez par vos exemples et par vos discours lui montrer le grand but à atteindre, l'intérêt suprême de la vie, le néant des belles promesses que lui font les imposteurs. Mêlez vos larmes aux plaintes du peuple, vos espérances à ses calculs, vos demandes à ses vœux légitimes. Combattez-le dans ses erreurs et devancez-le dans ses besoins, sans chercher la popularité, sans avoir peur de la lutte. L'ouvrier se laisse vaincre volontiers par ceux qui lui ont donné des preuves de la sincérité de leur dévouement.

Mais n'attendez rien de sa confiance si vous avez vécu à la manière de tant de riches de nos jours qui s'isolent de l'ouvrier parce qu'ils ne lui ressemblent pas ; qui ne paraissent jamais dans ses lieux de réunions; qui ne le voient que comme un étranger qu'on redoute ; qui craignent de l'entretenir; qui préfèrent

(1) Dans un passé qui n'est pas encore loin de nous, on sait l'usage qui faisait apprendre un métier aux hommes de la classe élevée. Ne voit-on pas là une tradition qui leur ouvrirait aujourd'hui dès qu'ils le voudront les portes des syndicats et des associations de métier ?

à des discussions amicales le silence par lequel s'accentuent de plus en plus les dissentiments et se prolongent les querelles. Moins vous avez de contact avec l'ouvrier, plus vous êtes réputé son ennemi; et cependant peut-être que vous lui voulez du bien! il vous suffirait d'être mieux connu de lui pour en être aimé!

Au mois de mars 1872 est mort à Versailles un homme que tout Paris avait poursuivi de ses haines révolutionnaires et accablé trois fois comme clérical dans les élections. Mais cet homme avait toujours été bon et cordial avec l'ouvrier; il n'avait jamais cessé de lui vouloir et de lui faire du bien. A ses funérailles, plus de mille ouvriers, plus ou moins adeptes de l'Internationale, sont venus rendre hommage à la mémoire de ce catholique, et ils disaient tout haut de lui : « Si tous les riches lui ressemblaient, le peuple français serait heureux! »

Tantôt l'apostolat auprès des masses s'exercera au sein même des obligations de la vie civique, tantôt dans les réunions intimes des ouvriers ou des chefs d'ateliers. Il importe que partout où peuvent être agités les problèmes religieux d'où dépendent les mœurs et l'avenir du pays, des voix catholiques s'élèvent pour en parler savamment.

Mais la chaire sacrée réclame aussi ses apôtres. Les ministres de Dieu ne suffisent pas à la garde de leur bercail, et ils sont rares ceux qui, dégagés des charges pastorales, peuvent se livrer à la mission laborieuse de chercheurs d'âmes. Cependant, sans eux, l'œuvre de salut ne saurait être complète.

Ici non plus qu'ailleurs votre place ne peut être vide, jeunes gens héritiers de la foi des vieilles familles françaises ! Brillants étudiants qui êtes plus forts en chimie ou en mécanique que nos anciens docteurs des Universités du moyen-âge, il vous manque leur simplicité, leurs habitudes modestes, sobres, profondément religieuses. Il vous manque leurs études philosophiques et peut-être leur solide jugement. Me trompé-je? Il me semble que pour toutes ces causes à la fois, vos rangs plus nombreux que jamais fournissent moins d'existences consacrées au Seigneur que ceux des humbles enfants des campagnes dont le cœur et l'esprit ont été mieux gardés des atteintes des passions. Il ne se fait presque pas de prêtres parmi vous !

CHAPITRE X.

L'apostolat par la presse.

Comment taire enfin le grand moyen d'apostolat que nous devons arracher à l'impiété et à l'indifférentisme modernes pour l'employer au triomphe de la vérité? La presse est l'arme souveraine, toute puissante, de nos ennemis. En vain combattrons-nous si nous n'en devenons les maîtres! Pourquoi ceux que Dieu destinait à être les dépositaires du savoir et de l'enseignement se taisent-ils à peu près partout? Pourquoi leur apostolat est-il si souvent usurpé par des folliculaires sans mission? Dix millions d'intelligences reçoivent par jour l'influence directe ou indirecte des organes de la publicité en France; serait-ce trop exagéré d'estimer pour le moins à deux milliards le nombre des appels à l'erreur qui se débitent chaque année par ce moyen? Non, il n'est point indigne des catholiques à qui Dieu a donné de la fortune et du talent de lutter dans cette malheureuse arène du journalisme. Que dis-je! leur mission exige qu'ils s'y lancent, non pas certes pour y envenimer des querelles politiques ou pour y spéculer des avantages de bas-aloi; mais pour donner à l'ouvrier une pâture morale qui soit vérité et qui lui fasse aimer son Dieu, sa famille, son pays, son devoir.

Que ceux donc qui consentent à sacrifier les timidités de leur amour-propre à la cause de Dieu et de leur pays se hâtent aujourd'hui. Qu'ils retranchent un peu de luxe s'il le faut et qu'ils achètent des presses, qu'ils paient des typographes, qu'ils écrivent et fassent écrire des journaux et des livres. Heureuse jeunesse, heureuse vie que celle qui serait toute consacrée non pas à essayer des chevaux ni à user les sophas d'un cercle littéraire, mais à faire vivre dans une imprimerie tout un peuple d'ouvriers qui ne travaillerait que pour l'honneur de Dieu et de la vérité (1).

(1) Citons un exemple de ce que peut obtenir une intelligente propagande catholique. Dans un petit canton du centre au chef-lieu duquel le journal radical du département vendait 60 numéros chaque jour en 1871, un comité catholique a fait adresser gratuitement un journal honnête à 32 cabaretiers. En même temps 32 instituteurs des environs et 2 coiffeurs recevaient un abonnement à une petite

Avouez qu'il y a des catholiques étranges! Pleins d'honnêtes désirs, ils vous demandent gravement comment faire pour faire du bien aux ouvriers. Interrogez-les : ils ne sont ni maires, ni adjoints, ni membres d'aucune administration. Ils ne sont pas davantage prêtres, ni magistrats, ni militaires... Ils n'ont même pas toujours jugé utile de jeter leur bulletin catholique dans l'urne des élections. Ils ont passé dix ans à apprendre les sciences, le droit, la politique et la religion. Jamais ils n'ont mis à profit tant de savoir, pas même pour réfuter un article du *Siècle* ou de la *Revue des Deux-Mondes*. Ils ne voudraient pas d'une candidature périlleuse de peur d'ébranler le crédit de leur industrie ou d'infliger un échec à leur blason. Ils ne sauraient se donner à des œuvres humbles qui exigent de l'assiduité; car le monde, la campagne, les eaux, les voyages réclament leur temps tour à tour. Ils n'ont même jamais songé à faire étude de toutes les bonnes œuvres qu'ils pourraient secourir. Leur zèle s'est contenté de donner à celles qui leur ont tendu la main. Ils s'exclameraient si nous leur faisions un devoir de consacrer le dixième de leur revenu en aumônes ou en dotations pour les œuvres apostoliques. Ils nous prendraient en pitié si nous leur di-

feuille catholique hebdomadaire de Paris. Au bout d'un an, *dans le seul chef-lieu* du canton, le journal radical ne vendait plus que huit numéros par jour, et le journal catholique, outre la vente au numéro, avait conquis 33 abonnés. — Nous tenons des renseignements plus précis à la disposition du lecteur.

sions que leur souverain intérêt est de rebâtir les antiques palais du travail et les hospices des corporations ouvrières dans les dépendances de leurs hôtels ou de leurs châteaux (1). Voilà les hommes qui se plaignent de ne savoir comment exercer l'apostolat parmi les ouvriers.

CHAPITRE XI.

L'apostolat du bon exemple.

Vous voulez moraliser le peuple et vous convenez qu'il ne redeviendra bon qu'à la condition de redevenir chrétien : soit ; mais alors il faut que vous soyez chrétien vous-même au vu et au su de tous ; c'est là un devoir qui vous atteint et que vous pouvez remplir en quelque position que la providence vous ait mis. « Ce qui nous sauvera, a dit un grand évêque, ce n'est pas un christianisme affaibli et énervé ; c'est un christianisme sérieux et vivant, s'incarnant dans des vertus qui touchent le peuple..... Avec quelle autorité conseiller le travail et la prévoyance, lorsque la vie se passe dans l'imprévoyance et l'inaction ? Oserait-on reprocher à l'ouvrier de ne pas tra-

(1) Toutes ces exigences en apparence exorbitantes ont été bien dépassées par plus d'une famille chrétienne. Plusieurs, déjà illustres à d'autres époques, se sont honorées de nos jours par des fondations merveilleuses. Il serait aisé de citer des noms. Mais nous devons respecter la modestie de ces vrais chrétiens.

vailler le lundi, en ne faisant rien soi-même de toute la semaine? Si on l'accuse de lire la petite presse, il ne faut pas se nourrir soi-même d'une littérature malsaine. Pour lui interdire d'aller battre les mains à la chanteuse populaire, il ne faut pas la faire applaudir dans son salon!.. » (Mgr Mermillod, Disc. cité.)

Voilà pour les excès à éviter. Mais ce n'est pas là que doit se borner l'exemple des classes dirigeantes. Leur foi doit avoir ses manifestations d'autant plus élevées et grandes que celui qui les accomplit occupe un rang plus haut : c'est un hommage de justice envers le Dieu qui les a comblés. Ainsi de riches seigneurs du moyen âge, en témoignage d'une grâce reçue, n'hésitaient pas à consacrer à un monastère la moitié de leurs biens.

Ce qu'il faut aujourd'hui pour toucher l'ouvrier et reconforter sa foi ébranlée par l'exemple, c'est que le riche bienfaisant lui montre le chemin de l'Église et s'approche avec lui du divin tabernacle. Il faut plaindre le pauvre et gémir avec lui, mais surtout il faut prier avec lui et communier avec lui! Embrassement éloquent, réconciliation mémorable que celle où le Dieu des chrétiens lui-même dissipe les rancunes, allume la charité dans ces cœurs ennemis et signe de son sang le traité de paix!

Rien ne doit être oublié dans vos leçons de tout ce qui intéresse l'honneur de notre religion sainte. Les grandeurs du culte catholique réclament donc vos sollicitudes. Que d'églises sont dépouillées et malsaines, que d'autels demi-ruinés à côté de vos confortables maisons de campagne! Les linges de votre table sont plus neufs et plus soignés que les sacrés vêtements du temple. L'accueil que vous faites au moindre fonctionnaire ou au plus petit magistrat, le faites-vous toujours au prêtre du Seigneur? Le peuple n'est pas tenu à faire tant de distinctions philosophiques. Si vous voulez lui faire honorer la religion, ornez les églises, honorez le prêtre et remplissez publiquement tous les actes de piété qui conviennent à des catholiques pratiquants. Non, je ne puis croire que vos demeures où s'étale un luxe somptueux soient longtemps respectées par un peuple que vous n'aurez pas mis à même de respecter et de goûter les religieuses splendeurs de la maison du Très-haut.

CHAPITRE XII.

Il faut organiser cet apostolat des classes dirigeantes.

Bornons là l'énumération des vertus qu'il faut faire renaître et des combats qu'il faut livrer (1).

(1) Le détail des moyens à mettre en œuvre pour exercer sous ses formes multiples l'apostolat qui nous occupe exigerait à lui seul un lexique.

Aux innombrables questions que le lecteur pourra donc se poser ici je répondrai, sans avoir la prétention d'être complet, par l'indication de quelques sources faciles à consulter et où le catholique trouvera pour ainsi dire le bien en action.

1° Mandements de NN. SS. de Nancy et d'Autun sur les œuvres catholiques d'ouvriers, 1872.

2° Discours de Mgr Pie au congrès de Poitiers, 27 août 1872.

Le tableau des devoirs apostoliques qui vient d'être esquissé n'est après tout que le tableau d'une vie sérieusement imprégnée de christianisme. Tel qu'il est toutefois il fera peur à beaucoup de gens : nous ne sommes plus, tant s'en faut, des chrétiens héroïques.

Il ne faut pas se dissimuler les faiblesses de notre temps : peu d'hommes des classes dirigeantes sont prêts à comprendre ce que nous disons ici de leurs devoirs. Il y a vingt ans on n'en parlait même pas dans la société. Ces plans étaient les rêves de quelques esprits d'élite. Aujourd'hui le mouvement commence et c'est un axiome qui a droit de cité dans les salons : qu'il faut régénérer le peuple pour sauver le pays. Certes, c'est un premier progrès que

3° Lettre de Mgr Isoard sur la Société des intérêts catholiques, et plusieurs autres écrits de ce prélat, 1871-72.

4° Les bulletins de la Société de Saint-Vincent de Paul, de l'Œuvre de Saint-François de Sales, des Cercles catholiques d'ouvriers.

5° La Revue des Associations Ouvrières Catholiques.

6° Le manuel de la Société de Saint-Vincent de Paul, le manuel du patronage.

7° Les comptes rendus imprimés des diverses œuvres ouvrières et des écoles apostoliques.

8° Le compte rendu de l'Assemblée des comités catholiques à Paris, 1872.

9° Les comptes rendus des Congrès des Associations Ouvrières Catholiques : Angers, 1858. — Paris, 1859. — Versailles, 1870. — Nevers, 1871. — Poitiers, 1872.

10° *L'Appel aux hommes de bien*, de M. Léon Gauthier, 1872.

11° Enfin et en un rang à part les admirables travaux de M. Le Play, surtout ses récents opuscules sur *la Paix sociale* et son *Organisation du travail*, ch. IV et VI.

d'être convaincus; mais qui nous assure que les classes dirigeantes ne s'arrêteront pas en si beau chemin? Elles s'arrêteront, là, croyez-le bien, si rien ne vient forcer leur conviction à se résoudre en action. L'inertie vaincra la vérité et étouffera le zèle. On dira : Le mal est ici, il est là, et voici les remèdes... ; mais on n'aura pas l'air de comprendre une vérité que Dieu lui-même semble avoir inscrite dans le plan social : aux grands, aux riches, il appartient non-seulement de souhaiter le bien, mais de lè *faire.*

Feuilletez l'histoire à l'endroit de tous les grands effondrements de sociétés, de dominations, d'empires, vous y verrez presque toujours des insouciants qui, après maints avertissements, succombent dans une surprise. Ainsi succomberons-nous nous-mêmes si, trop confiants dans le mouvement favorable qui commence à se manifester au sein de la haute classe, nous disons d'elle et de sa mission religieuse et sociale le fameux : *fara da se.*

Les guides du peuple ont eux-mêmes besoin d'être guidés. Sans ce secours, ou leur effort reste nul, ou leurs forces s'éparpillent en mille manières et se dépensent sans résultat, chacun voulant concevoir son plan et préférer son idée. Combien d'inconséquences ont ainsi rendu vains les sacrifices les plus charitables!

Pour obvier à ce danger, aux divers âges chrétiens les grands mouvements sociaux trouvèrent dans l'Église non-seulement l'impulsion première qui les fit naître, mais encore la puissance qui les a propagés et achevés. Et pour cela l'Eglise a employé invariablement le même moyen qui lui a toujours réussi. Quand il fallut sauver au VIe siècle les lettres antiques qui menaçaient de disparaître sous la barbarie, les légions de saint Benoît s'y levèrent comme par enchantement pour faire la garde autour de ce sacré dépôt. Quand l'occident dut se porter en masse contre l'Islamisme, les ordres guerriers de saint Jean de Jérusalem, des Templiers, du Saint-Sépulcre, et d'autres encore abritèrent sous leur armure la sainte et courageuse pensée de la croisade. Pour guérir les maux de l'esclavage comme pour organiser les ligues sociales contre l'erreur, on vit successivement se lever des saints : Jean de Matha, Pierre Nolasque, Dominique, Ignace de Loyola, qui incarnèrent pour ainsi dire dans un ordre religieux les préoccupations des chrétiens de leur temps et devinrent l'âme de la lutte.

Certes, l'époque actuelle est assez solennelle pour attendre un semblable présent des cieux. Nous ne devons pas tenter la providence, mais qui nous défend de désirer dans nos angoisses sociales la lumière, le secours d'une nouvelle légion de Dieu, organe autorisé des vues de la sainte Eglise, ayant mission d'incarner dans son Institut la grande pensée de l'apostolat des classes dirigeantes auprès de la classe ouvrière ? Alors tous ceux qui cherchent à exercer cet apostolat dans les familles des travailleurs, dans les ateliers, dans la presse, dans les fonctions ou administrations publiques, trouveraient au sein de cet Institut une science spéciale des besoins du peuple, des guides zélés et mûris par l'expérience. Alors le mouvement commencé aurait un but sûr, une âme, une durée, un avenir!

CHAPITRE XIII.

Rôle d'un institut religieux dans cet apostolat (1).

Toute armée a son corps d'élite. La société religieuse dont nous parlons serait le corps d'élite de la grande armée des classes dirigeantes dans leur lutte contre le communisme, la débauche, l'irréligion. On pourrait lui confier le drapeau avec quelque certitude de le retrouver toujours au champ d'honneur (2).

(1) Dans les onze premiers chapitres, après l'exposé de nos périls et de nos devoirs, je crois avoir suffisamment esquissé le plan de la campagne que les catholiques doivent fournir pour sauver la société. J'ai montré un chemin à la foule, et si j'étais un Pierre l'Ermite ou un saint Bernard, ces simples paroles suffiraient pour lancer des légions ardentes dans la croisade.

Maintenant, on l'a vu par le chapitre précédent, je ne parle plus à la multitude, mais au petit nombre. Je marque le sentier des vaillants qui ont besoin de se distinguer au champ d'honneur.

(2) A Dieu ne plaise que dans notre pensée l'homme du peuple soit radicalement exclu de cette glorieuse phalange ! Plusieurs parmi les ouvriers auront l'élévation des sentiments et la noblesse d'âme que Dieu donne à ceux qu'il choisit. Ceux-là coopèrent de droit à la rédemption de leurs frères, car la vertu vaut l'éducation ou la science ; elle est un titre ; elle constitue une excellence ; et pour gouverner les cœurs, souvent cette excellence suffit.

Son organisation militante créée en vue de l'apostolat mettrait du premier coup à néant plusieurs obstacles qui paralysent le zèle des hommes du monde. Pauvreté, chasteté, obéissance, voilà trois mots qui sont (quand on les comprend) synonymes de bien des libertés. Au demeurant, ils ne sont que l'expression la plus élevée de ces simples vertus prêchées au peuple sous le nom de désintéressement, de moralité et de respect. Les plus généreux parmi les grands viendraient les embrasser jusqu'à l'héroïsme pour avoir le droit de dire ensuite à leurs semblables : Levez-vous et suivez-nous, de peur que l'ennemi ne vous surprenne durant votre sommeil. Et en même temps, à la foule avide d'argent et de jouissance, aveuglée sur ses destins éternels, ils diraient : Détrompez-vous, ces biens que vous convoitez ne rendent pas heureux : nous en jouissions, et voilà que par amour pour vous nous les foulons aux pieds sans regret !

L'Institut s'attacherait donc, avec cette persévérance qui est le propre des ordres religieux et cette fermeté d'action des hommes qui n'ont ni craintes ni espérances sur la terre, à relever la famille chrétienne en lui montrant ses devoirs, à sanctifier le travail, à refaire l'éducation religieuse et sociale de l'ouvrier. Il donnerait aux orphelins des pères et des mères, aux parents malheureux des conseils et des secours, aux apprentis des maîtres, à tous une règle de vie, un appui éclairé, un esprit de confiance, d'union, de gratitude et de joie. Il poserait sagement l'ouvrier dans le travail après avoir assis sa vie dans la foi et dans les bonnes mœurs. Il étudierait les moyens d'assurer au travailleur le salaire et les purs loisirs dont sa famille a besoin. Il lui offrirait le dimanche un repos et des délassements au sein desquels les devoirs de la piété trouveraient leur place. Il rapprocherait par des liens d'amitié chrétienne ces compagnons, ces chefs d'état, ces trafiquants, que des intérêts communs mal compris divisent souvent au lieu de les unir. Il associerait par une mutualité de services et d'entremises bienveillantes tous les âges, toutes les conditions, dans la grande famille du travail. Il enseignerait dans la chaire chrétienne et dans les réunions profanes, et par les bibliothèques, et par la presse périodique et par les conseils individuels, les droits de Dieu, les droits de la société et de la famille, les devoirs de l'individu. Il favoriserait par tous les moyens l'instruction professionnelle, afin de multiplier le nombre des ouvriers habiles dans les rangs des ouvriers chrétiens. En un mot, sous l'impulsion et la légitime influence des pasteurs ecclésiastiques, il organiserait tous les éléments de la ligue du bien contre le mal, dans l'atelier et dans la famille ouvrière. Il reconnaîtrait par une étude patiente et quotidienne toutes les positions de l'ennemi ; il préparerait les armes, dessinerait le plan de campagne, marquerait les champs de bataille.

C'est alors qu'on verrait grandir au sein des classes dirigeantes, parmi les familles chrétiennes, une émulation profonde. Des milliers de combattants inspirés par le même esprit et touchés par l'exemple viendraient des hautes sphères sociales pour consacrer à la croisade la part qu'ils pourraient de leur vie et de leurs biens (1). Aux combats commencés dans l'isolement succéderaient des ligues puissantes, assurées du succès parce que Dieu bénit ceux qui se réunissent en son nom. L'élan donné une première fois ne se ralentirait plus; car dans l'immense défrichement de ces masses incultes, le zèle des auxiliaires se raviverait toujours au contact de l'ardeur de ces religieux pionniers qui ne leur manqueront jamais. Ceux-là, non contents de conquérir, se feraient par profession les gardiens du sol conquis, le cultiveraient sans relâche, l'arroseraient de leurs sueurs au mépris de toute humaine gloire, et sans accaparer le champ du zèle où ils appelleraient leurs frères à travailler avec eux, y avanceraient d'un pas toujours égal, creusant d'une main que rien ne saurait distraire leur généreux sillon.

CHAPITRE XIV.

Composition de cet institut apostolique.

La composition d'une semblable société ne serait pas indifférente à son succès. Il s'agit de l'œuvre la

(1) Sous quelles formes se traduirait cette participation des gens du monde, et quel serait le plan d'ensemble de la Ligue? Nous l'avons fait entrevoir; mais pour développer le fonctionnement de ce vaste mécanisme il faudrait un opuscule entier. S'il plaît à Dieu, malgré la difficulté du travail, nous essaierons de l'accomplir à son heure.

plus ardue peut-être qui ait jamais inspiré les enfants de l'Église depuis la première conquête. Ramener l'ouvrier à la foi et à la raison ce n'est plus aujourd'hui lutter contre *une erreur*, c'est barrer le chemin à *des convoitises*, et à des convoitises déjà déchaînées.

Un pareil ministère suppose d'abord en ceux qui le rempliront l'énergie de l'initiative et une certaine aptitude au commandement. Remarquable enseignement des temps passés! Quand l'Église gagna pour la première fois nos contrées sur la barbarie, du VIe au VIIIe siècle, ses prêtres, ses moines, ses évêques, s'ils n'étaient pas tous de haute naissance, furent du moins les plus distingués et les plus policés de leurs temps.

A nos apôtres d'aujourd'hui il faut cette même supériorité de rang et d'âme qui donne l'instinct de conduire et cependant met au-dessus de tout orgueil. Leur rôle devant les tyrannies qu'il faut renverser, devant les plaies qu'il faut guérir, exige autant de fermeté que de perspicacité, de dévouement et de douceur. Ils seront les pères et les mères de cette grande famille abandonnée. C'est pourquoi, parmi eux, plusieurs seront prêtres ; mais tous ne le seront pas, afin de mieux répondre aux doubles exigences des corps et des âmes. Également serviteurs de l'ouvrier, les uns maîtres dans les choses de la conscience, les autres maîtres dans les choses de la vie, ils uniront intimement leur action afin de ne point séparer deux ordres de science que Dieu a unis.

Mais qu'on ne croie pas qu'il puisse impunément se glisser dans leurs rangs des âmes vulgaires, ou des cœurs timides et peu zélés. Nul ministère peut-être n'exige plus rigoureusement une vraie supériorité que l'apostolat dans la classe ouvrière. Là les défiances ne cèdent que devant la grandeur du désintéressement, la confiance ne répond qu'aux excès généreux du zèle et à la solidité des leçons. Nos apôtres doivent donc être munis pour y suffire.

Il leur faut une science étendue tant sacrée que profane. L'histoire, la géologie, l'industrie, l'économie sociale seront sans cesse le thème de leurs entretiens, parce que là est l'arsenal des objections qu'on répète contre la foi ; et il faut tout concevoir pour tout réfuter en démêlant honnêtement l'alliage de vrai et de faux qui fait le fond de toutes ces attaques.

La Littérature, les Arts, la distinction du goût et des mœurs leur serviront pour relever le goût et les habitudes de l'ouvrier, pour le charmer et le retenir au sein des plaisirs honnêtes, pour le dégoûter des vulgaires attraits que le vice sait étaler à ses yeux.

Il faudra aussi des poëtes pour chanter les émotions de ce peuple converti et mettre sur ses lèvres des chants chrétiens au lieu du répertoire des cafés chantants et des carrefours.

Il faudra des économistes et des hommes de loi pour conseiller et éclairer dans leurs différents soit les individus, soit les masses.

Il faudra des publicistes pour activer le mouvement de retour et entretenir le concert de tous dans la commune entreprise. La plume mettra le vrai en relief et précisera l'enseignement. La parole répandra et émiettera cette semence.

Et comme fondement à toutes ces connaissances, comme régulateur nécessaire pour en assurer le bon emploi, il faudra une saine et solide philosophie. Là en effet, gît le secret de la rectitude du jugement ou de la prudence de l'action ; de là, jaillit cette lumière qui pénètre tout, qui ordonne tout, et dont la clarté nécessaire au théologien lui-même s'harmonise si bien avec celle de la science sacrée que l'une ne peut en quelque sorte jamais se passer de l'autre.

Dans ce concours d'efforts les dons les plus divers auront leur place ; et au service de la sainte cause de Dieu aucune place ne sera petite. Le moindre agent capable d'influence trouvera son emploi et il sera glorieux. Tous les courages se partageront l'action, chacun selon ses talents. On ne fonde pas en effet une grande société religieuse avec les seuls éléments de sa vie extérieure. Au dedans, pour soutenir son activité, combien ne faut-il pas d'éléments plus humbles ! Ils n'en sont pas moins nécessaires à sa subsistance et à ses progrès. Le moindre comptable, l'administrateur le plus obscur aussi bien que le savant reclus qui compile dans les bibliothèques une science qu'il n'ira pas lui-même porter au peuple, sont des rouages essentiels dans le fonctionnement d'un corps religieux voué à la vie apostolique.

En résumé, quiconque aura le cœur assez haut pour mépriser les avantages de la naissance ou de la fortune et ne recherchera rien pour soi-même et pour les autres que le règne souverain de Jésus-Christ, sera capable de travailler utilement à la conquête dans cette troupe d'élite. Et plus ils seront nombreux et décidés ceux qui auront entendu l'appel du divin roi, plus la lutte sera glorieuse et prompte la victoire. Mais, sachez-le, hommes de bonne volonté, lors même que la lâcheté d'un grand nombre laisserait le Christ, qui nous y convie, privé de cette garde d'honneur, le petit nombre des fidèles restera toujours assuré du prix de ses efforts. C'est pour eux que le maître a dit : « Levez les yeux et voyez dans la plaine toutes les moissons blanchissantes. La récompense appartient à quiconque moissonne ; il recueille du fruit pour la vie éternelle (1). »

CHAPITRE XV.

Quelques objections contre cet institut apostolique.

I. Peut-être qu'il est déjà venu à la pensée du lecteur de m'objecter que tous mes arguments sont surannés ; qu'ils n'ajoutent rien à la sentence vieille de 3,000 ans : *mandavit unicuique de proximo suo* (2) ;

(1) *Levate oculos vestros et videte regiones quia albæ sunt jam ad messem, et qui metit mercedem accipit, et congregat fructum in vitam æternam.* (Joan. IV. 35, 36.)

(2) « Il a confié à chacun le salut de son prochain. » (Eccle. XVII, 12). On peut y joindre cette autre inscrite au livre de la Sagesse, VI, 6. « *Judicium durissimum his qui*

que mes paroles enfin renferment moins des preuves que des promesses.

Je réponds en premier lieu qu'il n'appartient à personne d'inventer pour le salut du monde aucune maxime autre que celles de l'Esprit Saint. Les miennes, j'en conviens, sont assez antiques ! mais la preuve qu'il n'est pas inutile de les répéter avec obstination, c'est que tous ceux à qui elles s'adressent sont bien loin encore d'être convertis et d'en faire leur règle de vie.

Je réponds en second lieu que si je me borne à affirmer les bons effets qui résulteraient pour la paix sociale d'une conversion des classes dirigeantes à l'activité apostolique, ce n'est pas qu'on n'en puisse trouver dans des faits particuliers et récents mille démonstrations probantes ; mais, d'une part, écrivant ici pour les croyants, il suffit, ce semble, que je raisonne avec eux sur les principes ; et d'autre part, j'avoue que j'ai moins visé à résoudre la question qu'à la poser aux yeux des intéressés, en indiquant ceux à qui il appartient de la résoudre.

II. Nous n'avons pas d'hommes, personne n'est prêt à cette immolation généreuse, répètent souvent ceux qui sont placés assez haut pour voir le danger et comprendre quels en sont les remèdes.

Je réponds qu'on se trompe ; qu'il y a des hommes mûrs pour cet absolu dévouement. Il y a des hommes, des jeunes gens qui désirent ardemment

præsunt fiet. Ceux qui ont la prééminence subiront le plus rigoureux jugement. »

aujourd'hui donner leur vie pour sauver la classe ouvrière et la société. Mais ils ne savent à qui s'adresser ni par où commencer dans leur isolement (1). Et quand je ne saurais pas cela, j'affirmerais même *a priori* que, puisque le dévouement de ces hommes est nécessaire au salut de notre peuple, Dieu qui nous aime les a préparés et doués pour son œuvre. Mais ils s'ignorent et on les ignore. Or la faute en est à plusieurs. Ne serait-elle pas parfois à ceux qui doivent lire au fond des âmes, pénétrer leur vocation, et les instruire à y correspondre ?

III. Nous n'avons pas le temps, nos devoirs de famille et de société nous absorbent, s'écrient nombre de catholiques qui voudraient faire du bien à l'ouvrier pour n'avoir plus à le craindre.

Hélas ! c'est la réponse d'un cœur égoïste et sans charité. Vous avez toujours assez de temps pour ce que vous aimez. Vos devoirs de famille, vous les laissez aisément pour les réunions d'un club ; vos relations de société, vous les négligez souvent pour des plaisirs fort vulgaires. Qui dira jamais le vide incommensurable de ces vies d'honnêtes gens, d'honnêtes jeunes gens sans profession, dans leurs hôtels ou dans leurs maisons de campagne ? En dehors de leurs délassements ils ne s'acquittent d'aucune charge utile, ni d'aucun devoir social. Personne ne leur en demande compte,

(1) « S'il est vrai que la présence de quelques justes eût suffi pour sauver la ville maudite, nous avons parmi nous assez d'honnêtes gens pour sauver la France... » F. Desportes, *Contemporain* d'avril 1872, page 79.

pas même ceux qui crieraient au scandale s'ils voyaient ces heureux quitter le monde pour se faire *moines*, c'est-à-dire *inutiles* à la société, comme l'on répète! L'usage a consacré pour toute une catégorie d'hommes qui ont rang et fortune le genre de vie le plus nul, le plus désœuvré et le plus rempli de futilités qu'on puisse concevoir. Il consacre pour d'autres hommes laborieux, mais égoïstes, le droit de travailler uniquement à leurs intérêts et de vivre sous les lois d'une activité étrangère à la charité et à la miséricorde. De ces deux sortes d'hommes, je ne sais laquelle déshonore le plus le christianisme. Du moins, plaise à Dieu qu'après la lecture de ces pages, à la vue d'une société qui s'écroule et qui les sollicite de sortir de leur vie commode pour se faire apôtres, ces hommes au cœur léger rougissent de répondre encore : « Nous n'avons pas le temps ! »

IV. — Mais, objectent les hommes positifs, cet apostolat nouveau dépasse toutes les ressources et défie tous les courages. Les Œuvres ouvrières sont démesurément dispendieuses, et pour quels résultats!

J'en conviens, il faut se dépenser sans mesure et glaner des âmes sans espoir de faire de l'éclat dans le succès. Mais si notre naufrage ne nous laisse plus que cette planche de salut, l'achèterez-vous jamais trop cher? Vaut-il mieux se laisser engloutir de bon cœur sous prétexte que la marée est trop forte et que la chaloupe est trop petite pour sauver tout l'équipage?

V. — Mais enfin c'est bien assez de donner largement l'aumône. Qu'avons-nous besoin d'engager notre personne et de nous charger de mille chaînes pour soulager l'ouvrier et nous le réconcilier?

Détrompez-vous! Votre argent est peu de chose. Après tout, ce que vous en donnez aujourd'hui, la violence et le crime social pourraient bien vous le prendre demain. Mais le peuple, qui sait cela, sait bien que nul ne s'emparera jamais de vous-même malgré vous. Le peuple a plus besoin d'être aimé qu'enrichi. Et ne voyez-vous pas que le seul sacrifice efficace que vous puissiez faire à la cause de Dieu et à l'amour de vos semblables c'est celui de votre cœur, de votre vie, de vos tendresses et de vos sueurs! Ce sacrifice seul est héroïque; il touche, il convainc; à celui-là seulement les préjugés du peuple rendent hommage; à celui-là seulement Dieu donne la couronne de l'apostolat. Tant que vous ne l'avez pas accompli, au moins en quelque chose, vous n'avez pas le droit de prétendre que tout votre devoir soit accompli (1)!

CHAPITRE XVI.

Existence de cet institut apostolique.

C'est assez discuter sur les principes. Les hommes de bonne foi comprennent que la fondation d'un Institut religieux pour soutenir et diriger l'aposto-

(1) Voir à l'appendice la Note F.

lat des classes élevées parmi les ouvriers est nécessaire et possible. Mais s'il restait encore touchant cette possibilité l'ombre d'un doute dans leur esprit, j'espère le dissiper d'un mot.

« *Ab actu ad posse valet consecutio*, » dit l'adage : si j'existe c'est la preuve que je puis exister. Or l'Institut dont nous parlons existe en fait. Il y a bientôt trente ans qu'il est né en France, et il semble que le souffle divin qui l'a inspiré préside à des créations semblables dans les pays de notre malheureuse Europe les plus menacés par le socialisme.

Je dis : cet Institut existe ; je ne dis pas qu'il ait achevé de se constituer. Peut-être même faut-il un regard scrutateur et déjà accoutumé à reconnaître les voies de la providence, pour distinguer, sous la petitesse et l'humilité des *faits*, une réalisation commencée de la grande *idée* qui nous occupe. Mais comme le chêne est dans le gland qui germe sous terre, l'œuvre dont l'idéal paraît encore si éloigné de ce que nous avons sous les yeux vit déjà dans ses essais imparfaits par une poignée d'hommes aujourd'hui sans renom et sans ressources, mais destinés à croître parce qu'ils ne sont pas sans mission.

Paris vit se réunir en 1846 trois ou quatre hommes qu'une force mystérieuse poussait à évangéliser l'ouvrier, qu'une confiance invincible entraînait à tout quitter pour se donner à lui. Aujourd'hui ces hommes, sans cesser d'être obscurs, se sont multipliés. Les voilà près de cent, tant laïcs que prêtres, fortifiés par les bénédictions des évêques, par l'éloge du Saint Siége, répandus en France et hors de

France, formés par de longs et patients essais à la théorie et à la pratique de l'apostolat ouvrier. Ce sont les frères de saint Vincent de Paul (1).

A côté d'eux s'est formé à Marseille sous la même inspiration d'en haut un Institut du Sacré-Cœur (2). Celui-là aussi a reçu un regard de bienveillance de la part de Rome, et plusieurs villes ou bourgs de Provence connaissent les fruits de son apostolat.

Plusieurs autres sociétés se sont occupées avec zèle de la fondation ou de la direction d'œuvres analogues à celles qu'on vient de signaler. Je ne les désigne pas en particulier, parce qu'elles n'ont pas, que je sache, l'apostolat *ouvrier* comme but exclusif de leur institution.

La main miséricordieuse de la providence semble plus empressée que nous-même à nous sauver. Comment ne pas la reconnaître dans les tentatives qui se sont produites à Anvers (3), à Turin (4), à Berlin même (5), pour constituer des instituts religieux voués spécialement à l'apostolat ouvrier!

Il y a trois ou quatre ans à peine, la Flandre a vu de simples artisans rêver et accomplir ce sublime

(1) Maison-mère à Paris-Vaugirard, chemin du Moulin.

(2) Fondateur, M. l'abbé Timon-David, Marseille, boulevard de la Madeleine, 88.

(3) Fondateur, M. l'abbé Jaspers, vicaire à Saint-Georges, 9, rue des Escrimeurs. — Principal établissement, rue du Livre, 124, à Anvers.

(4) Le centre des œuvres où l'institut semble devoir naître est : Corso Palestro 11, Collegio dei Artigianelli, Torino.

(5) Fondateur, M. le conseiller Muller, à la prévôté de Sainte-Hedwige, Berlin.

projet. En butte à la calomnie et à la persécution, leur œuvre naissante s'est trouvée menacée jusque dans la vie de ses membres. Cependant, elle subsiste et elle grandira comme un monument de la bonté de Dieu et de l'impuissance de l'enfer devant les petits et les humbles.

Autre a été la voie de la providence dans l'Italie. Ce sont de pieux prêtres de Turin qui ont conçu récemment le projet de former un institut spécial pour les œuvres auxquelles ils se dépensent depuis longtemps, et dans le but de renouveler les prodiges d'un Jérôme Emilien et d'un Joseph de Calazanctio.

A Berlin, au centre du matérialisme allemand, sous une forme moins définie, l'on sent apparaître comme le germe d'une société religieuse qui pourrait bien un jour devenir l'âme d'un corps déjà existant, de l'immense institution du compagnonage chrétien dont l'Allemagne est couverte. Le chef est prêtre; les premiers membres sont d'humbles laïcs dont les fonctions sont celles de Marthe à Béthanie. Ils vivent en commun et servent les ouvriers par dévouement. C'est dans ces modestes labeurs que Jésus et ses apôtres se sont préparés à enseigner le monde!

CONCLUSION.

Résumons-nous. Les catholiques à qui j'ai parlé ne doutent point que le péril que nous courons en ce temps ne tienne à l'abaissement de la foi parmi la classe des travailleurs. Pour conjurer ce péril, il n'y a de remède que dans l'Église, de qui émane tout apostolat.

Or la mission apostolique des fidèles est inséparable de celle des pasteurs; et d'après le plan divin les lumières descendent d'en haut, c'est-à-dire que les grands doivent être les dépositaires de la science et de la foi, et les petits sont leurs créanciers.

Donc, puisque c'est l'ouvrier qui est menacé dans sa foi, c'est de la classe dirigeante que doivent venir aujourd'hui les apôtres de la classe ouvrière.

Mais nul ne sera apôtre parmi le peuple s'il ne *descend*, à l'exemple du divin chef des apôtres. A ce prix seulement il relèvera la famille, réhabilitera le travail, rendra les fonctions publiques à la justice, la parole et la presse à la vérité. Nul en un mot ne deviendra l'organe de la vérité dans le monde des travailleurs si, pour parler le langage du préjugé moderne, il n'expie son élévation par le dévouement.

Bien que convaincue de ces maximes, la classe dirigeante ne se jettera pas dans le mouvement si rien ne l'y entraîne et ne lui sert de guide. C'est ce qui nécessite un Institut religieux voué par état à la sainte cause de l'apostolat ouvrier. De la solidité des éléments qui composeront cet institut dépend en grande partie le succès de la croisade. En vain objecterait-on que l'entreprise est périlleuse, prématurée, irréalisable. Les faits l'attestent : l'Institut peut vivre; il vit déjà. Il n'attend plus que des hommes courageux pour grossir ses rangs et centupler ses efforts !

Voilà la vérité telle que j'ai cru devoir la dire à mes frères dans la foi, à ceux qui ont commencé d'être apôtres, pour les en féliciter ; à ceux qui n'ont pas su ou pas voulu commencer, pour les en reprendre et les convertir ; à ceux-là surtout qui remplissent de rien des années précieuses que Dieu ne leur laisse que pour sauver leur âme dans le travail ; à ceux-là aussi qui travaillent et spéculent, mais qui ne le font pas chrétiennement et n'ont aucun souci des biens éternels ;... j'ai dit la vérité pour tous, et maintenant c'est à eux « d'accomplir toute justice (1). »

Certes nul ne pourra se plaindre que le champ apostolique soit restreint et qu'on y trouve trop peu de postes à choisir ! La vie publique de l'homme d'Etat, les plus modestes fonctions du citoyen, les grands et nobles abaissements du religieux, mille autres nuances intermédiaires occupent leur place dans ce plan social et religieux, d'où il n'y a que deux hommes impitoyablement exclus, celui qui fait le mal et celui qui ne fait rien. « *Discant autem et nostri bonis operibus præesse, ut non sint infructuosi* (2), » écrivait l'apôtre. Oui, il est plus que

(1) « *Decet nos adimplere omnem justitiam.* » (Matth. III, 15.)

(2) Que les nôtres s'étudient donc à se distinguer par leurs bonnes œuvres, afin de ne pas être appelés des infructueux. » (Tit. III.) Lire l'admirable commentaire de ces paroles fait par Mgr Pie au congrès de Poitiers, le 27 août 1872.

temps que vous preniez rang parmi les apôtres de la classe ouvrière, vous qui êtes *nôtres* par la croyance et par le désir. Il est temps que vous soyez les premiers par les bonnes œuvres comme vous l'êtes par l'intelligence ou la fortune, sinon vous serez les infructueux, les inutiles que Paul regardait comme l'opprobre de la sainte Eglise. Hé! quoi! sous les menaces injustes que vous adresse parfois ce peuple affolé par les douleurs du temps, ne reconnaissez-vous pas quelque chose du reproche éloquent qu'adressait au Sauveur le lépreux de l'Evangile? « Si vous vouliez, vous pourriez me guérir (2)! » — « Je le veux : soyez guéri, » répondit le maître de la vie, l'auteur de l'amour. Et vous, qu'entendez-vous répondre?... dites donc ce *volo!* et mettez-vous à l'œuvre; vous en avez le temps, vous en avez les ressources; ne me dites pas, ô mon frère, que vous n'en avez pas le cœur!

(2) « *Si vis, potes me mundare.* » (Math. VIII, 2.)

APPENDICE

NOTE A (voir chap. I).

« ... Si 89 a réussi, c'est que le peuple arracha le cœur de l'infâme Foulon de sa poitrine fumante.

71 n'a eu quelque succès que parce qu'on a fait aux canons de Montmartre un rempart avec les cadavres de Lecomte et de Clément Thomas.

Des deux côtés le point de départ était bon, mais les hommes de 89 retrempèrent leur énergie aux massacres de septembre, et ceux de 1871 ne surent pas même se servir de la loi des otages qu'ils avaient faite. . . . .

Apprenez que nous n'avons plus au cœur que l'idée d'une vengeance, et nous la voulons terrible, exemplaire.

Un jour viendra, vous le savez, où nous serons de nouveau maîtres de la place. Il n'y aura plus de grâce, plus de merci...

Nous faucherons vos têtes, seraient-elles couvertes de cheveux blancs; et cela avec le plus grand calme. Vos femmes, vos filles, nous n'aurons plus pour elles ni respect, ni pitié; nous n'aurons que la mort. La mort, jusqu'à ce que votre race maudite ait disparu à tout jamais.

A bientôt, messieurs les bourgeois! »

BERGERET,
dans le *Qui vive* publié à Londres, 1872.

NOTE C (voir chap. IV).

Grèves du Borinage. Lettre du curé de D.., 19 janvier 1872.

« 1°... le plus grand tort des ouvriers c'est de s'être livrés à l'Internationale (en grande partie) pour réclamer leur augmentation...

... Il faut bien le dire, ce n'est qu'à la dernière extrémité qu'on augmente le prix des journées.

2° L'industrie... toute préoccupée de palper de gros dividendes, ne fait rien ou presque rien dans l'intérêt physique, moral et religieux du travailleur... Le but principal des employés des charbonnages et autres industries c'est de procurer de gros bénéfices aux actionnaires afin d'obtenir à la fin de l'année une gratification ou une augmentation de traitement...

... Ce qu'il y a de certain, c'est que l'industrie réalise tous les ans d'énormes bénéfices que tout le monde connaît, et que le travailleur dont la vie est sans cesse exposée n'est pas rétribué en proportion de ces bénéfices... etc.

3°... Les honnêtes gens sont d'ailleurs presque partout les mêmes : mous pour faire le bien qui ne les concerne pas directement, et cherchant toujours à éviter ce qui pourrait leur être désagréable.

4°... Ce qui a épargné à notre bassin houlier de graves événements, ce sont nos Sociétés Ouvrières Catholiques qui se refusent à se livrer au moindre désordre. L'Internationale en est furieuse et les attaque avec une violence inouïe. Rien n'y fait ; nous commençons à rallier nos bons sociétaires dont quelques uns ont déjà repris leur travail, et dimanche prochain, je l'espère, ils seront au grand complet pour se remettre à l'ouvrage le lendemain.

Veuillez agréer. »

V. G.

NOTE D (voir chap. VIII).

« Frères, nous sommes à bout de patience : l'existence nous devient de jour en jour plus dure. Cette terre que Dieu avait faite pour tous les hommes, nos maîtres s'en sont emparés.... ils s'engraissent de notre pain. Leurs villes sont si bien fortifiées qu'il nous est impossible de les attaquer à moins de lancer sur elles le *coq rouge*...

Il ne nous reste plus qu'une seule chose à faire, c'est d'étrangler nos maîtres comme des chiens. Pas de quartier : il faut que tous disparaissent ! Il faut incendier leurs villes : il faut que notre pays soit purifié par le feu. A quoi bon ces villes ! Elles ne servent qu'à engendrer la servitude.... Comme ils ont des canons et des armées, ce n'est que par le feu que nous pouvons les attaquer et les vaincre. Une fois les murailles, derrière lesquelles cette canaille se retranche, réduites en cendres, il faudra bien qu'elle crève de faim. » (Bakounine, proclamation aux paysans russes du 19 février 1870. *Contemporain*, p. 71, avril 1872.)

NOTE E (voir chap. VIII).

« Citoyennes, vous êtes énergiques, n'oubliez pas que vous êtes filles du peuple et mères de familles. Parlez le langage de la vérité aux soldats qui vous entourent, victimes du malheur, tombés comme vous sous le joug du despotisme. Dites à ces malheureux enfants du peuple que les hommes qu'ils ont l'ordre de poursuivre ne sont pas, comme on le leur fait entendre, des fauteurs de troubles, gens suspects, soudoyés par un parti politique quelconque, mais bien vos pères, vos frères, vos époux, vos amis, d'honnêtes citoyens, leurs frères dans l'ordre social, et n'ayant commis d'autres crimes que celui de revendiquer le droit le plus sacré de l'homme, celui de vivre en travaillant.

De telles paroles, soyez en certaines, les impressionneront, les feront réfléchir sur le triste rôle qu'on leur impose vis-à-vis de vous; et si vous parvenez à gagner à la cause des opprimés qui est la leur, les cinq mille soldats campés au Creuzot, vous aurez bien mérité du Prolétariat. »

Adresse des ouvrières de Lyon aux femmes des grévistes du Creuzot; *Solidarité* du 16 avril 1870.

NOTE F. (voir chap. xv).

« La fortune impose des devoirs dont on ne peut impunément s'affranchir. Il ne s'agit pas seulement de distribuer de l'argent aux pauvres. On en a beaucoup distribué depuis vingt ans; l'assistance pécuniaire n'est pas la véritable assistance sociale. La plus nécessaire, c'est l'assistance de l'intelligence et du cœur; celle qui consiste non pas seulement à soulager, mais encore à prévenir la misère; celle qui cherche avec passion la solution des problèmes économiques; celle surtout qui s'adresse à l'âme et la console en la relevant. » (Fernand Desportes — *Contemporain* d'avril 1872, page 78).

La même doctrine a été développée avec un talent et une nouveauté de vues remarquables par un industriel belge, M. Pierre Vermaire-Magis, dans ses travaux pour la Société industrielle de St. Nicolas (Flandre), 1er fascicule du Bulletin de la Société.

TABLE DES CHAPITRES

4.

FIN DE LA TABLE.

PARIS. — IMP. VICTOR GOUPY, RUE GARANCIÈRE, 5